# LE 29ᵉ RÉGIMENT DE MOBILES

DE

## MAINE-ET-LOIRE

A

### SON CAPORAL INFIRMIER

# Ezéchiel DEMAREST

Moniuère.

SAUMUR
PAUL GODET, IMPRIMEUR-LIBRAIRE
PLACE DU MARCHÉ-NOIR

1880

A

EZÉCHIEL DEMAREST

A LA MÉMOIRE

DE

# ÉZÉCHIEL DEMAREST

ANCIEN MAIRE DE BAGNEUX

Caporal infirmier au 29° Mobiles.

Odor vitæ in vitam.

SAUMUR
IMPRIMERIE DE PAUL GODET
PLACE DU MARCHÉ-NOIR

1880

# A LA MÉMOIRE

DE

# ÉZÉCHIEL DEMAREST

« Forsan et hæc olim, meminisse juvabit. »

## AU 29ᵉ RÉGIMENT DES MOBILES

DE MAINE-ET-LOIRE

Mes amis,

« Rien n'empêche de périr; » c'est le temps qui fait son œuvre. — *Tempus edax,* — et l'incurie humaine l'achève. — *Homo edacior.* Pourtant il en est qui mériteraient de survivre. M. Ezéchiel Demarest est de ceux-là. Aussi, désireux de prolonger sa mémoire, nous avons confié à M. Aimé Milet, dont les œuvres demeurent, le soin de graver dans le bronze les traits de sa noble physionomie. M. Louvet, notre ancien ministre, en la nuit de deuil, a fait jaillir du bon trésor de son cœur l'âme de son ami, et nous l'a rendue dans une parole qui devrait avoir plus de durée que le bronze. M. de la Cochetière, le commandant aimé du deuxième bataillon, a fait revivre dans un accent vibrant les journées héroïques du caporal infirmier de notre régiment.

Ces émouvants et bienfaisants souvenirs, je les ai recueillis et je me fais un honneur et une joie de les livrer à ses amis. Ce sont les témoignages de l'amitié et les rappels du passé. C'est bien pour nous que le poète a dit : « *Forsan et hæc olim, meninisse juvabit* » ; et, mieux encore, l'Ecriture : « *Edulcorabitur memoria illius.* »

De Notre-Dame des Ardilliers, à Saumur, ce 15 septembre 1880.

CAMILLE PUJO,
Ex-Aumônier du 2ᵉ bataillon.

# LE JOUR DE DEUIL

Dans son numéro du mardi 17 septembre 1878, l'*Echo Saumurois* rendait compte en ces termes des obsèques du vénérable M. Demarest :

« Qu'il était beau et consolant le spectacle que donnait samedi la commune de Bagneux ! Toute la population était sur pied pour rendre un dernier hommage à M. Demarest, son respectable maire, qui avait su conquérir les sympathies de chacun, à quelque parti qu'il appartînt. La tristesse était sur tous les visages, et, dans cette foule émue, on n'entendait que des exclamations, parfois entremêlées de sanglots, pour déplorer la perte de leur père à tous.

» Dans l'assistance, on remarquait, autour de la famille, l'élite des habitants de Saumur, une grande partie des officiers du cadre de l'Ecole de cavalerie et grand nombre de notabilités de l'Anjou, du Poitou et de la Touraine. M. le sous-préfet de Saumur s'était également joint au cortége.

» Les cordons du poêle étaient tenus par MM. Paul Taveau, adjoint de la commune de Bagneux, Trouillard, président de la conférence de Saint-Vincent de Paul, Dehaye, président de la fabrique de Bagneux, et Dézé, président de la société de secours mutuels de Bagneux.

» Le corps a été porté par des membres du Conseil municipal de Bagneux, de la société de secours mutuels et de la société d'agrément de cette commune, qui tous ont offert spontanément leur concours.

» Tout le clergé de Saumur et des environs, s'associant au deuil public, était venu à cette cérémonie funèbre prier pour l'homme de bien que le pays pleurait, et Mgr Freppel, retenu à Angers, avait délégué Mgr Sauvé pour le représenter. Le R. P. Pujo, aumônier des Mobiles de Maine-et-Loire, s'était empressé de venir rendre les derniers devoirs à M. Demarest, qui avait fait avec lui, comme caporal infirmier, toute la campagne de 1870.

» Avant que le cercueil ne fût recouvert pour toujours, l'un des anciens amis de M. Demarest, M. Louvet, s'est avancé sur le bord de la tombe et s'est fait l'interprète des sentiments de tous.

Paul GODET.

# DISCOURS

PRONONCÉ PAR

## M. LOUVET

Ancien Ministre de l'Agriculture et du Commerce

SUR LA TOMBE DE M. EZÉCHIEL DEMAREST

*Le 15 septembre 1878.*

---

Messieurs,

La mort, qui fauche à coups redoublés parmi nous en ce moment, nous enlève aujourd'hui un homme éminent et, ce qui est plus encore, un grand chrétien. Cette foule émue et attristée, qui se presse respectueusement autour de ce cercueil, révèle, beaucoup mieux que ne saurait l'exprimer ma faible parole, toute l'étendue de la perte que nous faisons. Les hommes de la valeur d'Ezéchiel Demarest apparaissent de loin en loin ici-bas comme une manifestation vivante de ce que Dieu peut mettre de grand, de beau et de bon dans le cœur de ses créatures privilégiées. Ces hommes-là, Messieurs, on les admire, on les aime, on les pleure : on ne les remplace jamais.

Cette vie, qui vient de finir si brusquement, s'est écoulée en majeure partie au milieu de nous ; et l'on peut dire qu'elle n'a été qu'une succession non interrompue de dévouements, de services et de bienfaits.

Maire de Bagneux depuis trente années, Demarest a montré tout ce que peut produire de bien un administrateur chrétien, en intime union avec sa commune, toujours prêt à se multiplier et à se transformer pour ainsi dire, afin de satisfaire à tous les devoirs que lui impose son zèle : tantôt conseil et arbitre officieux pour régler les affaires des familles, économiser des frais inutiles, prévenir ou terminer les contestations ; tantôt sœur de charité pour visiter les pauvres, soigner les malades, leur procurer les secours de l'âme et du corps, consoler les mourants, ensevelir et veiller les morts ; enfin, partout et toujours, gardien vigilant et ferme des intérêts municipaux confiés à sa sollicitude. Voilà, Messieurs, ce qu'a été Demarest dans sa commune. Aussi, son autorité y était grande : jeunes et vieux, petits et grands, riches et pauvres, tous, sans distinction de rang ou d'opinion, le respectaient et l'affectionnaient comme un père. Ces sentiments ne se sont pas démentis durant une minute, malgré les vicissitudes des temps ;

et, de son côté, Demarest est resté constamment fidèle à sa chère commune, même quand il a cru devoir s'en séparer momentanément, en 1870, pour s'enrôler, malgré son âge, dans les rangs de notre armée, en qualité d'infirmier, et braver devant l'ennemi les périls et les fatigues, désireux de payer ainsi sa dette à la France, notre mère commune. Ce fut pendant le cours de cette douloureuse campagne qu'il contracta, suivant toute apparence, les premiers germes de la maladie qui est venue le foudroyer, il y a trois jours.

Son infatigable charité ne se concentrait pas exclusivement sur sa commune de Bagneux : elle rayonnait largement aussi sur notre ville de Saumur, où sa mémoire demeurera également honorée et bénie. Notre société de Saint-Vincent de Paul n'oubliera jamais qu'elle a eu l'honneur de l'avoir à sa tête pendant de longues années, et chacun sait le zèle chaleureux et la rare distinction qu'il apportait dans l'exercice de cette présidence.

Qui donc pourrait oublier aussi avec quel art ingénieux, avec quelle grâce modeste il savait voiler les services qu'il vous rendait! Quand vous le surpreniez par hasard en flagrant délit de bons offices à votre endroit, il vous remerciait avec tant d'effusion d'avoir bien voulu lui permettre de vous être utile, qu'en le quittant vous ne saviez plus au juste lequel des deux, de vous ou de lui, était l'obligé ou le bienfaiteur.

Son intelligence délicate et fine devinait les choses à demi-mot, ce qui rendait ses causeries, ainsi que ses lettres, aussi spirituelles que solides, aussi attrayantes qu'instructives. Il pratiquait naturellement et sans effort le grand art d'effacer son esprit pour mettre mieux en relief celui des autres. Aussi son intimité était-elle vivement recherchée; mais il se montrait très-réservé sur ce point et même un peu avare, comme le sont toutes les natures d'élite ; il ne se donnait qu'à bon escient.

Artiste et archéologue distingué, il avait fait de sa ravissante habitation de Bagneux un musée d'une grande richesse, dont il ne permettait l'accès qu'aux gens qui lui en paraissaient dignes, et dont il faisait les honneurs avec la courtoisie la plus exquise et la grâce la plus charmante.

Et maintenant, Messieurs, parlerais-je de l'ami ? J'en aurais le droit, ce me semble, et j'en ai presque le devoir ; mais je ne m'en sens pas la force. Le coup qui nous frappe a été trop subit et trop violent. Que tous ceux que Demarest a honorés de son amitié descendent au fond de leur âme : ils y trouveront gravés en caractères ineffaçables tout ce que je ressens au-dedans de moi sans pouvoir le manifester. Il me suffira de dire qu'on ne rencontrera jamais de cœur plus fidèle et plus pénétré du besoin de se dévouer.

Quant au chrétien, Messieurs, un seul mot le

peindra tout entier, et ce mot, j'aime à le laisser tomber devant vous sur le bord de cette fosse : Demarest, s'inspirant des leçons que nous ont données les grands saints dont s'honore l'Église catholique, avait appris d'eux le secret de rendre la dévotion aimable. Il comprenait et il faisait comprendre à tous que la vertu, chez le chrétien, est véritablement fille de Dieu, et qu'elle doit être simple, douce, gracieuse et suave comme la source céleste d'où elle émane.

Demarest, cher et vénéré ami, Dieu, en t'appelant prématurément à lui, a voulu sans nul doute avancer l'heure de la récompense qu'il te destinait. Tu continueras là-haut la longue chaîne de tes bonnes œuvres en priant pour tous ceux que tu as aimés ici-bas. Heureux les hommes, Messieurs, qui, pareils à celui dont nous pleurons la perte, se présentent devant le Seigneur avec les mains pleines, laissant après eux, comme dernière action méritoire accomplie par eux sur cette terre, l'enseignement et l'exemple d'une belle et noble vie consacrée tout entière au service de Dieu, à l'amour de leurs frères et à la pratique du bien.

# FÊTE DU SOUVENIR

ANNIVERSAIRE

ÉRECTION DU MONUMENT

Les cœurs étaient bien émus de ce populaire, universel et magnifique hommage rendu ce 15 septembre 1878 à la mémoire vénérée de M. Demarest.

Il fallait plus que les hommages d'un jour à cet homme exceptionnel, qui avait passé faisant le bien à tous et ne demandant rien en retour, sinon la récompense éternelle promise à la vertu.

Le premier, notre cher aumônier du 2e bataillon, le R. P. Pujo, eut l'idée qu'un monument durable, fait de la main d'un maître, répondrait seul au besoin que chacun éprouvait d'offrir à notre digne ami un dernier souvenir.

Il s'empresse de communiquer cette heureuse pensée. Elle circule, elle s'empare de tous.

Plusieurs de nos seigneurs évêques, quatre de nos généraux, le commandant et les officiers de son régiment, ses amis, les habitants de sa commune, tous adoptent le projet, tous souscrivent.

Par les soins de M. le docteur Bouchard et de M. le capitaine Hérard, l'œuvre est confiée à M. Aimé Milet.

L'habile statuaire écrivait : « Cette figure me frappe; je l'étudie avec complaisance. » Aussi, sous les yeux vigilants de M. Louvet et de la famille Demarest, sut-il graver dans le bronze, avec les traits de notre caporal et de notre ami, un reflet des nobles vertus qui remplissaient son âme.

L'œuvre est prête ; le commandant de la Cochetière convoque ses camarades.

« Monsieur et cher Camarade,

» Vous êtes invité à l'inauguration du Monument qui vient d'être érigé sur la tombe de notre vénérable ami, M. Demarest.

» Je suis heureux de vous dire la large part de notre régiment dans cette œuvre de haute estime, de noble amitié et de profonde reconnaissance ; grâce à vos souscriptions, au dévouement du R. P. Pujo, notre cher aumônier du 2e bataillon, et au concours de M. le docteur Bouchard et du capitaine Hérard, auprès de M. Aimé Milet, l'artiste éminent, l'œuvre est achevée.

» La cérémonie aura lieu le 27 octobre, à dix heures du matin. Une messe sera chantée, pour le repos du défunt, dans l'église de Bagneux. De là, nous nous rendrons au cimetière, où un discours sera prononcé. Suivra la bénédiction du Monument.

» J'espère que rien ne vous empêchera d'y assister et de rendre ainsi un dernier hommage au brave caporal infirmier du 29e régiment de Mobiles.

» Ce sera une occasion précieuse pour les officiers de ce brave régiment de se revoir et de faire revivre un moment la bonne camaraderie qui les unissait pendant la terrible campagne de 1870-71.

» Veuillez agréer, Monsieur et cher Camarade, l'expression de mes sentiments les plus affectueux.

» ALEXANDRE DE LA COCHETIÈRE. »

Vaas, 21 octobre 1879.

---

Le père Pujo écrit aux amis :

« Saumur, 21 octobre 1879.

» Vous êtes invité à l'inauguration du monument qui vient d'être érigé sur la tombe du vénéré M. Demarest.

» Ce témoignage de haute estime, de noble amitié et de profonde reconnaissance, est l'œuvre de sa commune, de ses amis, et tout spécialement du 29e régiment des Mobiles de Maine-et-Loire.

» La cérémonie est fixée au 27 octobre, à dix

heures du matin. Une messe sera chantée pour le repos du défunt. Au cimetière, M. A. de la Cochetière, commandant du 2ᵉ Bataillon, dira, avec son autorité de chef et son cœur d'ami, ce que nous avons vu de notre humble et admirable caporal infirmier.

» Cette fête, auprès d'une tombe, est un hommage à la vertu et le souvenir du cœur. Nous vous y convions.

» Veuillez agréer, etc.

C. PUJO,

« Aumônier du 2ᵉ bataillon du 20ᵉ régiment de Mobiles. »

Avec quel enthousiasme on répond à cet appel ; — aussi combien solennelle fût la cérémonie d'inauguration ; combien touchante fût la réunion qui suivit.

Les deux récits qui suivent ne peuvent nous en donner qu'une faible idée, mais cependant répondent aux sentiments de nos cœurs qui se souviennent...

Le 27 octobre 1879, une touchante cérémonie réunissait, à Bagneux-lès-Saumur, les habitants de cette commune et les anciens officiers du 29⁰ régiment de Mobiles de Maine-et-Loire.

Il s'agissait de donner un souvenir d'affection et de reconnaissance à la mémoire d'un homme de bien, à M. Ezéchiel Demarest, qui fut maire de Bagneux pendant 30 ans, et qui, pendant la guerre de 1870-71, abandonna spontanément et volontairement son foyer, sa famille et ses intérêts, pour suivre comme simple caporal infirmier le 29⁰ régiment de Mobiles.

Le 27 donc, une foule sympathique et recueillie se dirigeait vers l'église de Bagneux pour assister à une messe de *Requiem* chantée pour le repos de l'âme de M. Demarest. A l'issue de la messe, un nombreux clergé, suivi de la presque totalité de la population de la commune et d'une trentaine d'anciens officiers du 29⁰ Mobiles, se dirigeait vers le cimetière, où l'on inaugurait un buste de notre ami, dû au ciseau de M. Aimé Milet, membre de l'Institut et statuaire distingué.

Chacun de nous, à la vue de ces traits si heureusement reproduits, se rappelait avec bonheur les faits de cette existence consacrée tout entière au dévouement et à la charité. Car on peut, certes, appliquer cette parole à notre ami : *Il a passé en faisant le bien*.

Dans un chaleureux et éloquent discours, M. le commandant de la Cochetière nous retraçait, avec une éloquence partie du cœur, le souvenir des vertus et des bienfaits de M. Demarest.

Après la cérémonie, un cordial déjeuner réunissait à la même table les anciens officiers présents du 29e Mobiles, auxquels s'étaient joints deux anciens aumôniers du régiment.

C'était pour nous une fête de famille. Après neuf années, dispersés de tous côtés, nous avons été heureux de nous retrouver ensemble et de pouvoir échanger nos souvenirs sur la terrible campagne de 1870-71. Plusieurs toasts furent portés, l'un par M. le commandant de la Cochetière à tous nos camarades présents ou absents, et surtout à la mémoire du modeste héros pour lequel nous avions prié le matin.

Un neveu de M. Demarest, invité par nous et représentant sa famille, a remercié, dans quelques paroles émues et sympathiques, les anciens frères d'armes de son oncle.

M. le lieutenant de Villebresme lisait quelques vers écrits par lui pour la circonstance et sincèrement applaudis.

Enfin nous nous sommes séparés, nous promettant de nous réunir chaque année, à un jour fixé, afin d'entretenir entre nous ce lien de camaraderie que, malgré le temps et l'éloignement, les dangers courus et les fatigues supportées en commun rendent solide et durable, et font d'un régiment une grande famille où la devise est : *Tous pour un et un pour tous.*

Gabriel de ROINCÉ,<br>Ex-capitaine au 29° Mobiles.

Le lundi 27 octobre 1879, la gracieuse église de Bagneux, son église à lui, Ezéchiel Demarest, offrait l'un de ces contrastes, en apparence étranges, mais qui dans le fond se rattachent par un lien secret aux inspirations les plus spontanées du regret et du culte. C'était tout ensemble un deuil et une fête, et c'était au pied de l'autel...... rendez-vous sublime de la tristesse et de la joie, qui, réconciliées par l'auguste souvenir de M. Demarest, venaient, sous des livrées différentes, lui rendre les mêmes honneurs et lui payer une dette commune. Pourquoi nous étonnerions-nous d'un pareil accord? N'est-ce pas le privilége des grandes âmes disparués, que de réveiller dans les nôtres les émotions opposées de la douleur et de la joie?

Ici-bas, tout est mêlé d'ombre et de lumière, de regrets et d'espérances.

L'apanage de la vertu rehaussée par la religion est d'étendre la lumière sur l'ombre et de faire monter les espérances plus haut que les regrets.

Oui vraiment, les grandes et saintes mémoires tiennent plus des splendeurs du ciel que des anéantissements de la tombe et réclament dans nos allégresses une plus grande place que dans nos deuils.

C'est qu'elles nous lèguent autant de nobles exemples et de généreuses hardiesses qu'elles nous rappellent de réjouissantes absences et de bonheurs évanouis.

Vous êtes, ô vénéré Demarest, l'âme de ces saintes et odorantes mémoires; tant d'années qui nous ont versé les trésors de votre cœur et de votre aménité empêchent que nous ne l'oublions jamais : et voilà pourquoi, en ce jour du 27 octobre, au lieu de renouveler les cérémonies funèbres d'un deuil mortuaire, nous avions préparé aux hommes et au ciel le doux spectacle d'une fête, celle que vous devaient la reconnaissance et l'admiration de tous, la seule qui fût digne de votre vie, la fête de la vertu...

Il était juste que le pacifique triomphe de M. Demarest prit son point de départ à cette même église de Bagneux, élevée par sa féconde initiative, ornée de ses dons, toute pleine encore de sa pieuse présence.

Là, sous le regard du Dieu des vertus, assidu à la véritable école du vrai maître, s'était formé, développé, muri ce grand serviteur de la charité.

C'est-là qu'il avait puisé cet humble dévouement qui, durant les désastres de l'invasion prussienne, se transforma en dépense héroïque de sa vie.

Chez cette nature chevaleresque et aimable, l'administrateur dévoué, l'ami généreux, l'intrépide infirmier militaire, sortait comme une création vigoureuse de l'homme qui prie. M. Demarest semblait composé tout d'une pièce avec le bois du crucifix et l'or du tabernacle.

Cet homme vivait du sacrifice qui s'oublie soi-même et de la bonté prévoyante qui n'oublie personne. Aussi, le 27 octobre, l'église reconnaissante apparaissait heureuse d'avoir envoyé vers le ciel un disciple aussi parfait.

Pas une tenture noire n'invitait aux larmes, pas un signe de deuil ne se heurtait au symbole du triomphe. Elle disait comme nous que les âmes vertueuses sur la terre, quand elles passent, font le bonheur ; après qu'elles ont passé, la gloire. Le bonheur que semait autour de lui M. Demarest avait disparu dans sa tombe, mais restait la gloire dont cette même tombe devait être le piédestal.

Pour acclamer cette gloire entrevue des hauteurs divines, il faut des cœurs amis qui la comprennent, une fraîche parure qui la reflète, des paroles vibrantes qui la redisent.

A Bagneux, de toutes ces choses aucune ne faisait défaut.

Tous les cœurs étaient amis. A l'église, la fraîche parure des jours de fête et les suaves rayonnements de la joie. Courant aux murs, suspendus aux piliers, s'enroulant autour des flambeaux, des couronnes de fleurs, de lauriers et d'immortelles tressés par les soins reconnaissants de M^me Taveau et des dames de Bagneux.

Parce que la bonté de M. Demarest avait étendu partout les ramifications de sa bienfaisance, les couronnes lui venaient de toutes les mains. Les dames patronesses du Cercle catholique, les Enfants de Marie, l'école des garçons et l'école des filles de Bagneux qu'il a fondées, avaient envoyé les leurs.

Une rare délicatesse de sentiments avait guidé le choix des inscriptions qui serpentaient à l'entour. C'était tout à la fois le langage muet, mais compris, des fleurs et l'hymne sincère de la reconnaissance. Les élèves des deux classes portaient aussi des couronnes passées à leurs bras, touchant symbole de la gratitude qui remplissait déjà leurs jeunes cœurs. Et une immense couronne, placée sur un coussin richement orné, disait que la commune de l'illustre défunt sait comprendre et se souvenir.

Qu'il était éloquent le parfum silencieux des couronnes ! Pas une feuille, pas une corolle, qui ne rappelât une libéralité touchante, un encouragement, une larme, une espérance, un exemple. Mais les bienfaits sont comme les fleurs, Dieu seul a pu les compter. Pas un mérite n'échappe à son regard, pas une vertu n'échappe à ses récompenses, et là c'est le triomphe de la charité chrétienne en même temps que le désespoir de ceux qu'elle a servis.

Elle dérobe à l'avenir les plus nobles pages de son histoire à demi-inconnue, et pas d'autre que la main de Dieu ne lève les voiles ! Cette sainte obscurité, M. Demarest la cherchait — il la faisait épaisse, le plus que les circonstances le permettaient à une modestie dont la simplicité d'ailleurs ne le cédait pas à la discrétion.

Ce que nous avons pu lire entre les pages entr'ouvertes nous laissent pressentir la place d'honneur qu'il occupe au livre des justices éternelles.

Attendons qu'il nous soit ouvert pour savoir qu'elle fût sa vie tout entière et compter les fleurons de l'éternel diadème.

O diadème de la vertu, dont ceux de la terre ne sont qu'un pâle reflet, nous pensions à vous dans l'église en fête. Au rayonnement de cette pensée, les couronnes de fleurs étaient plus fraîches, leurs nuances plus vives et leurs parfums plus pénétrants.

Mais revenons à la réalité.


Cependant l'assistance, mieux que les couronnes, pouvait démontrer quelles traces profondes laissait après elles même la mémoire de M. Demarest.

Quelle n'eût pas été la foule, s'ils avaient pu se transporter à notre fête, tous ceux qu'il a spécialement connus, éclairés, soignés, chéris et consolés ? Ces heureux tributaires de son noble cœur sont comme les jours de bonheur qu'il a fait luire sur leurs têtes : — ils ne se comptent pas.

Au moins, tous les rangs, toutes les œuvres, toutes les sympathies, toutes les affections étaient-elles dignement représentées !

C'étaient les plus proches tout d'abord ; M., M$^{me}$ et M$^{lle}$ Lehou-Demarest, les deux petits-fils conduits par M. l'abbé Crozat, ami de la famille, MM. Demarest, neveux du vénérable défunt, M. le baron de Walchenaër et ses enfants ; — son frère, retenu à Paris par la maladie, avait dans une lettre touchante exprimé ses regrets de ne pouvoir venir ; cette mort, du reste, l'avait tellement frappé, qu'il ne put longtemps survivre à sa fraternelle douleur.

Après la famille, le Maire et le Conseil municipal de Bagneux ; les Dames patronesses du Cercle catholique, les Enfants de Marie, les écoles et toute la population sur laquelle avait rayonné de plus près et plus longtemps la salutaire action du défunt.

Avec lui s'était éclipsé le génie bienfaisant d'une contrée, dans laquelle tous ses pas étaient marqués par un service, et dont il demeurait la gloire après en avoir été l'âme.

Bagneux l'avait dit à ses funérailles par ses regrets, Bagneux le redisait à son tombeau couronné par ses hommages.

M. Louvet, ancien ministre, M. le marquis de Puységur, M. le vicomte de Caqueray, et nombre de ses vieux amis, Messieurs les curés de la ville de Saumur, Monsieur l'aumônier militaire, Monsieur le supérieur de l'école Saint-Louis, le R. P. supérieur de Notre-Dame des Ardilliers, plusieurs membres de la conférence de Saint-Vincent de Paul, dont il fut le Président et le modèle, des membres du clergé des paroisses environnantes étaient venus prendre part à cette fête touchante.

Enfin, les Mobiles, les Officiers et Aumôniers du 29e, auxquels un déplacement avait été possible, ayant à leur tête l'un de leurs valeureux chefs, le commandant de la Cochetière, étaient accourus avec empressement au rendez-vous suprême de la reconnaissance et de l'amitié.

La messe fut célébrée par M. le curé de Bagneux qui, en apportant à l'autel les vœux et les prières de la foule agenouillée, ne faisait que traduire ses sentiments personnels.

La messe terminée, la foule recueillie et en bel ordre, au milieu des prières et des chants, suit lentement la longue et grande allée d'arbres séculaires qui mène au cimetière et vient se ranger en demi-cercle autour du tombeau sur lequel la reconnaissance et l'art ont gravé leur empreinte ineffaçable.

M. le curé de Nantilly procède à la bénédiction du monument avec les prières usitées de la liturgie catholique.

Confident de M. Demarest, conseiller de son enfance, ami de ses derniers jours, à lui plus qu'à tout autre appartenait le droit de bénir et d'appeler sur une tombe chérie un repos et une gloire bien conquis.

A vous maintenant, le chef, l'appréciateur et l'ami de notre cher défunt, de dire dans un discours accentué qui met au comble l'émotion générale, les journées humbles et héroïques du caporal infirmier du 29e.

# DISCOURS

PRONONCÉ PAR

## M. DE LA COCHETIÈRE

---

Messieurs, mes Chers Camarades,

Sur cette tombe ouverte, il y a un an déjà, au nom de tous, une parole éloquente disait de M. Ézéchiel Demarest la louange parfaite ; elle racontait sa vie.

Aujourd'hui, sur cette tombe fermée, près de ce monument, hommage de sa commune, de ses amis et du 29ᵉ régiment de Mobiles de Maine-et-Loire, dont il fut l'humble caporal infirmier, invité à prendre la parole, je m'y serais refusé, si je n'avais considéré comme un devoir de chef et d'ami de rendre ici un dernier hommage à notre vénéré M. DEMAREST.

Les terribles épisodes de la guerre prussienne vous ont fait connaître l'un des côtés saillants du caractère de cet homme généreux, et tous ceux qui l'ont vu à l'œuvre resteront, comme moi, en admiration devant sa haute vertu. Je serai donc l'interprète de tous les braves officiers et mobiles du 29e en proclamant, en cette circonstance solennelle, le dévouement exceptionnel de notre compagnon d'armes.

L'homme de cœur se trouve souvent en France, et nous avons tous été témoins, pendant les désastres de 1870-71, d'actions dignes d'éloge; mais ce que l'on rencontre rarement, c'est l'abnégation jointe au sacrifice, la charité jointe au dévouement. Il est beau assurément, il est glorieux de tout quitter pour aller montrer sa vaillance sur un champ de bataille et sacrifier sa vie pour son pays. Ces sentiments animent encore en France bien des cœurs généreux, et nous les admirons sans nous étonner.

Mais sublime fut la conduite de notre saint ami.

Père de famille, âgé, maire de sa commune, par conséquent non-seulement utile, mais nécessaire dans son pays, il a toutes les raisons humaines pour rester dans son château, d'autant plus qu'il pourra satisfaire ses désirs de charité en rendant de nombreux ser-

— 39 —

vices, tant aux malheureux qu'aux blessés qui encombrent déjà les ambulances.

Rien de tout cela n'arrête sa décision ; il lui faut une autre scène pour donner libre cours à ses beaux sentiments ; il lui faut joindre la souffrance à la charité, l'humilité au sacrifice.

A la tête d'une ambulance, il serait trop en vue.

Simple caporal, il pourra agir sans être remarqué ; il pourra souffrir avec celui qu'il sera appelé à secourir.

Qu'aura-t-il à attendre de ce dévouement ? Rien, si ce n'est le remercîment du malheureux pressé par le besoin ou le dernier regard d'un Mobile qui va expirer.

Tout se fera dans l'ombre et le silence, au milieu des privations de toutes sortes, des souffrances de tous genres, dans le désordre le plus complet d'une armée poursuivie et harcelée par l'ennemi, sans espoir de gloire et de récompense, de témoins et d'encouragement.

Ce n'est pas tout encore : vous allez en juger par des faits bien connus au 29e Mobiles et que je suis heureux de rapporter ici.

C'était au mois de décembre 1870, au moment où l'armée de d'Aurelle de Paladines s'ébranlait pour tourner les Allemands. Le 1er, le succès avait couronné nos efforts ; le 2, les zouaves pontificaux se sacrifiaient devant Loigny pour arrêter la marche de l'ennemi ; le 3 et le 4, l'armée battait en retraite, et de braves régiments, désignés pour la protéger, tenaient tête pendant deux journées entières aux efforts d'un vainqueur audacieux. Le 29ᵉ eut l'honneur de tenir glorieusement sa place dans cette lutte inégale. Bon nombre de nos chers compatriotes y succombèrent en combattant ; plusieurs s'y distinguèrent, et parmi eux, vous l'avez nommé, notre caporal.

Pendant ces journées de combats sanglants et de marches pénibles, il est là au premier rang, donnant tranquillement ses soins aux Mobiles qu'administrent nos braves aumôniers. Mais arrive le moment où il faut lâcher pied pour ne pas être enveloppé et abandonner ses morts et ses blessés.

Ce sera sans doute la dernière journée meurtrière, se dit notre caporal ; demain le régiment, rentré dans les lignes d'Orléans, ne sera plus exposé aux mêmes périls ; ma présence n'y sera donc plus utile, tandis que tous ces blessés qui, tout à l'heure, vont être foulés aux pieds par l'ennemi ont besoin de soins et de consolation. Son parti est pris ; il restera sur le champ de bataille d'Arthenay pour seconder le docteur Bouchard et notre digne aumônier, le R. P. Pujo.

Que de cruels moments ces hommes dévoués ont du passer au milieu de malheureux soldats expirants, exposés aux feux de notre armée, à ceux de l'armée prussienne et aux flammes d'un terrible incendie allumé par les obus !

Il n'y eut que la nuit qui vint mettre fin à ce drame sanglant ! mais quelle nuit !... et après : la captivité !

De pareilles épreuves auraient arrêté le zèle de bien des hommes courageux, et, après un pénible voyage en Allemagne, il était naturel que ce volontaire, qui avait tout sacrifié pour son pays, restât au milieu de sa famille pour se reposer de ses fatigues et de ses douleurs morales et physiques.

Il n'en fut pas ainsi, l'humble caporal n'avait pas encore assez fait. Bientôt il se remet en route pour venir retrouver son cher régiment cerné par trois armées allemandes autour de Besançon. Il surmontera toutes les difficultés, il passera par dessus tous les obstacles pour atteindre le but qu'il s'est proposé, ce que, dans son sublime dévouement, il appelle le devoir.

Chargé de valeurs pour ses camarades, de lettres qui peuvent le compromettre, il essaie plusieurs routes pour franchir les lignes prussiennes. Ce n'est qu'après des efforts surhumains, une persévérance admirable qu'il arrive exténué, mais triomphant, au milieu de ses chers Mobiles.

Pendant cette dernière période de nos désastres, nous le voyons toujours plein d'entrain ranimer les courages abattus, apporter des consolations aux mourants, offrir des secours aux malheureux et consacrer à tous son repos, ses soins et sa fortune.

Ne vous rappelez-vous pas, mes chers camarades, ces marches pénibles, ces nuits glacées passées au bivouac, pendant lesquelles chacun, sondant tristement les profondeurs de l'avenir, n'avait en perspective que la progression croissante de notre détresse ?

L'approche de la *Grande-Capote* (c'est ainsi qu'on le nommait au 2e bataillon) suffisait pour dissiper ce nuage passager. Au contact de cet homme, dont la verve spirituelle était inépuisable, les appréhensions funestes disparaissaient et l'espérance renaissait dans les cœurs.

Aussi bénissiez-vous la présence de ce père de famille qui, plus que nous, eût eu le droit de se plaindre; il était gai, aimable, entretenant la conversation, tantôt devant ce feu de bois vert qui, impuissant contre vingt degrés de froid, ne peut fondre la neige, tantôt à cette table de festin dressée sur une cantine, où la frugalité des mets le dispute à la simplicité du couvert.

Le lendemain, ce sera à l'ambulance ou sur la paille d'un cantonnement que vous le verrez près d'un pauvre jeune homme qui, pris de la fièvre, n'a plus le courage d'envisager le sombre horizon et ne pense plus qu'au foyer paternel. C'est là qu'il sera admirable ; tour à tour grave et gai, doux et énergique, il guérira d'abord l'esprit de notre malade ; il lui procurera ensuite le remède qui doit arrêter le progrès du mal et ne l'abandonnera pas qu'il ne l'ait remis sur pied.

Que de Mobiles découragés ont évité par ses soins les dangereuses atteintes du typhus, et ont pu, grâce à lui, revoir leurs champs et leurs familles !

Ce fut lui qui quitta le dernier les funestes cantonnements de Besançon, et qui ramena dans notre capitale angevine le dernier détachement du 29e, voulant nous montrer que, pour le vrai dévouement, le service ne cesse que lorsqu'il n'y a plus personne à secourir.

Notre caporal avait tout fait pour se faire oublier pendant ces longs mois de souffrance physique et d'agonie morale, et son désir intime était qu'on ne parlât plus de lui après la campagne.

Ses vœux ne furent que trop exaucés, car, malgré les propositions qui furent faites plusieurs fois, ni la croix d'honneur, ni la médaille militaire ne vinrent briller sur sa poitrine.

Mais, si sa glorieuse conduite ne fut pas reconnue officiellement, le pays, par la voix de ses enfants, a rendu hommage à ses vertus.

Nous ne l'avons pas oublié, nous ses compagnons d'armes, et je suis heureux de dire ici la large part que notre régiment a prise à cette fête du souvenir. Honneur au R. P. Pujo, le digne aumônier de notre 2º bataillon, qui en a été le promoteur; honneur au docteur Bouchard et au capitaine Hérard qui lui ont apporté leur concours empressé; honneur à l'éminent statuaire, M. Aimé Milet, membre de l'Institut, qui a si bien rendu les traits de notre noble ami; honneur à tous ceux qui sont venus aujourd'hui rendre hommage à sa mémoire.

Tant qu'il restera un Mobile du 29º, le nom de M. E. DEMAREST vivra. Sa mort a été pour nous un deuil de famille; nous le pleurons comme un ami dévoué et fidèle, et nous avons demandé à Dieu qu'il lui accorde la seule récompense qui soit digne de sa vie de sacrifice et de désintéressement.

Puisque nous sommes réunis aujourd'hui sur sa tombe, je veux, au nom de tous, en votre nom, mes chers camarades, lui exprimer, avec nos derniers adieux, tous nos sentiments de haute estime, d'affection et de reconnaissance.

Administrateur dévoué durant 30 ans et bienfaiteur de cette commune de Bagneux, noble ami, cher et vénéré caporal infirmier, vous êtes près du Dieu rémunérateur, contemplez-nous en ce moment; implorez le Dieu des armées, et pour ceux de vos frères d'armes qui sont ici présents et pour ceux, hélas! que nous avons laissés il y a bientôt dix ans dans les plaines de la Beauce et sur les montagnes de la Franche-Comté; entendez-moi vous dire au nom de tous et prenant le cœur de tous :

Au maire de Bagneux,

Au noble ami, à l'humble et dévoué Caporal Infirmier,

A LA VERTU

A DEMAREST

SA COMMUNE

SES AMIS

LE 29<sup>e</sup> RÉGIMENT DE MOBILES

Reconnaissance, amitié, souvenir.

A. DE LA COCHETIÈRE,
Commandant du 2<sup>e</sup> Bataillon.

Et maintenant, reportez votre regard ému sur la photographie du monument. Ces couronnes jetées partout, suspendues aux grillages, attachées à la pierre, reposant sur la tombe, regardez-les bien.

Il fallait voir avec quel cœur, à cette heure solennelle, au milieu de ce champ des morts, en présence de la foule frémissante, elles étaient déposées sur cette tombe bien-aimée !

Nous savons bien que, vouées à la flétrissure, elles n'étaient que le pâle symbole de celles qu'au milieu de ce recueillement profond et attendri, Dieu à cette heure posait sur le front vénéré de M. Ezéchiel Demarest, le grand chrétien, le maire de Bagneux, le caporal infirmier, le parfait ami.

Oh, oui : *Beati mortui qui in domino moriuntur*.

# BANQUET

## DU 29ᵉ RÉGIMENT DE MOBILES

### DE MAINE-ET-LOIRE

> Pour pavôter le soucy
> Faut vivre à cette table-cy.
>
> (*Réveil de maître Guillaume*).
>
> Oh ! m'aist Dieu ! Est-il doncques si gros meschef et vilainie de par ainsy aymer cette chière nature, mesmement que la bonne gaieté gauloyse..... car bien saichez comme quoi gaieté n'habite qu'ez cuœrs loiaux. Si ne la traictions en bonne ostesse, las ! refuiroyt la volaige !.. Devisons donc en riant par foys, si le cas y eschet. En nous bâillant à toujours mais les larmes, Dieu ne nous ha que presté son rire... adoncques, saigement vivre au parfond de son cuœur et soubrire d'aulcunes fois entre doulx pleurs, en cecy gît toute humeine sapience.
>
> LOYS DE CUSSIÈRE,
> *Gentilhomme angevin.*

Amis du 29ᵉ, vous avez ressenti dans ce récit fait avec affection et accueilli de même, les sentiments qui nous rassemblaient au matin de ce jour, et qui honorent le régiment auquel s'était voué notre noble ami. — Elle est close sur sa tombe la touchante cérémonie, mais elle vit en nous et dans ces feuilles qui seront le grand héritage de la famille du 29ᵉ.

Acheminons-nous maintenant ensemble vers le banquet qui nous attend. — C'est la *popote*, n'est-ce pas ? — gardons lui ce bon terme de camarade. Conservons précieusement cette intimité qu'égayait de sa verve intarissable notre aimable et regretté compagnon d'armes.

Encore un mot, si vous le permettez, de gravité philosophique : *Omne tulit punctum qui miscuit utile dulci.*

Je me rappelle avoir visité l'enclos d'un vieux cloître (pardonnez à un moine les vieilles redites); ce cloître fut transformé depuis en un cimetière par les massacres de la Révolution. — Martyrs, les moines dormirent où jadis ils avaient promené leurs pas avec leurs prières.

Deux arbres avaient germé, puis grandi sur leurs dépouilles vénérables ; l'un et l'autre avaient glissé leurs inconscientes racines à travers les fissures des tombes. — L'un et l'autre se nourrissaient des sucs humains filtrés par la mort, et cela faisait mal à voir. Au cimetière de Bagneux, nous étions sur une tombe aussi ! Nos souvenirs, ces racines du cœur pénétraient à travers les marbres funéraires, — ils puisaient aux restes vénérés qui reposaient dessous quelque chose d'un festin.

Ce quelque chose avait nom le parfum de la vertu qui triomphe, l'irradiation d'une espérance qui survit, et cela faisait du bien. Amis, n'est-ce pas vrai, vous qui l'avez senti ?

Poètes antiques, vous aviez bien le droit de le chanter ; la mort du juste est un banquet auquel il est doux d'avoir été convié.

Evoquons encore, avant de nous mettre à table, les vieux souvenirs de 1870-1871, et parcourons rapidement ensemble nos pénibles étapes.

Salbris, aux sapins ; La Ferté, la conférence ; Nouan, meurt de faim ; Pierrefitte, les bruyères ; Seris, couvre-feux ; Chambord, hospitalier ; Coulmiers, la grange ; Gidy, la boueuse ; Les Chapelles, aux échalas ; Oison, la fusillade ; Arthenay, la néfaste ; Cercottes, la sanglante ; Montjoie, la mitrailleuse ; Orléans, la ténébreuse ; Sologne, aux dindons et moutons restaurateurs ; Aubigny, l'exténuée ; Henrichemont, la glacière ; Bourges, la regrettée ; Mehun, le baccarat ; Vierzon, les grand'gardes ; Les Moranderies, tir au lapin ; Cercy-Latour, soupe à l'oignon ; Lucy, vieux bourgogne ; Baume-les-Dames, au soleil levant ; Clerval, ventre affamé Montbéliard, soupe à l'obus ; Longevelle, la neigeuse ; le Plateau du Signal, rude corvée ; Larnod, rude étape ; Fontain, la Capoue...

Tous ces noms ne nous rappellent-ils pas nos joies et nos souffrances ? Tantôt la misère, tantôt l'abondance. Le gai festin tiré des caisses venues d'Anjou, le repas frugal avec le biscuit de distribution, la table hospitalière d'un homme généreux ; le déjeuner froid et pris debout au matin de la bataille, le souper sans couvert au soir de la défaite.

Aujourd'hui, grâce aux soins du docteur Bouchard,

rien ne manquera, et le souvenir du passé ne fera que nous rendre le présent plus agréable.

Mais ne tardons plus, et en avant.

Commandant, prenez la tête et, comme autrefois, assignez les postes à chacun. — Au premier rang, à votre droite, le digne neveu de notre cher caporal ; à gauche, l'aimable abbé Rigault, le consolateur du faible et la terreur du Prussien. — En face, le grand organisateur de cette fête, le grave aumônier du 2e bataillon ; à droite, le belliqueux de Roincé ; à gauche, le prisonnier de la Croix-Briquet, le docteur Bouchard ; et vous chers amis, braves officiers et Mobiles du 29e, reprenez pour un jour vos places de popote.

Comme le passé revit, comme les souvenirs pullulent, comme les langues se délient ! Chacun retrouve un épisode à raconter, recommence sans fatigue une des plus pénibles étapes dans les montagnes du Jura, se couche un instant sur les neiges de Montbéliard, et retrouve le mot plaisant d'un camarade en sabots.

Mais le temps s'écoule rapidement, le champagne vient de jeter la note joyeuse au milieu du cliquetis des fourchettes, l'animation redouble un moment, puis le calme se fait tout-à-coup lorsqu'on voit se lever gravement M. Demarest, dont le cœur ému a besoin de s'épancher dans les nôtres.

# TOAST

DE

# M. DEMAREST

Messieurs,

Puisque j'ai le privilége de représenter ici la famille de M. Ezéchiel Demarest, j'ai à vous remercier, au nom de sa famille, des honneurs que vous avez si spontanément rendus à sa mémoire.

Vous me permettrez d'exprimer tout particulièrement notre gratitude à M. le commandant de la Cochetière et au Révérend Père Pujo. M. de la Cochetière a fait revivre devant nous, dans les paroles émues qu'il a prononcées au cimetière, celui que nous pleurons. Le Révérend Père Pujo a eu le premier l'idée de la souscription à laquelle est dû le beau buste inauguré ce matin, et, sans son dévouement, son énergie, sa persévérance, il est douteux que l'œuvre entreprise eût été menée à bonne fin.

Messieurs,

La perte que nous avons faite, en la personne de M. Ezéchiel Demarest, est trop grande pour que notre douleur s'efface et disparaisse jamais.

Mais, de toutes les consolations terrestres que nous pouvions recevoir, aucune ne pouvait surpasser celle que vous nous avez donnée par le concours de vos regrets, par l'empressement de votre sympathie. Nous en demeurons profondément touchés, et, encore une fois, nous vous en remercions.

DEMAREST,
Neveu.

Ces remerciements furent accueillis avec transport et les applaudissements n'étaient pas encore apaisés, que le commandant aimé du 2ᵉ Bataillon se leva à son tour pour résumer dans un accent vibrant les émotions de tous et les souvenirs de tous.

# TOAST
### DE
# M. DE LA COCHETIÈRE

Mes Chers Camarades,

J'aurais désiré qu'une autre circonstance nous réunît aujourd'hui, car la cérémonie à laquelle nous venons d'assister a rouvert dans nos âmes une profonde blessure, et la joie de nous retrouver ne peut être complète.

Qu'il me soit permis cependant d'adoucir l'amertume de notre douleur, en vous montrant combien sont restés intimes les liens qui unissaient, il y a bientôt dix ans, les Mobiles du 29e. Ils se sont retrouvés aujourd'hui avec bonheur, et le spectacle que nous avons sous les yeux dans ce moment en est la preuve éclatante.

Je veux donc adresser mes remerciments bien sincères à tous ceux qui, moins retenus peut-être que leurs camarades, se sont empressés de répondre à mon appel et de venir rendre un dernier hommage à la mémoire d'un compagnon d'armes.

Vous savez quel a été l'organisateur de cette fête, et, en ce moment, je suis heureux de me faire votre interprète auprès de lui.

Nous l'avons vu, en toutes circonstances, montrer son dévouement infatigable pour le régiment. En 1872, il organisait notre souscription pour la libération du territoire ; en 1878, il avait l'idée d'un monument à élever sur la tombe de M. Demarest et provoquait la formation d'un comité. En 1879, il faisait exécuter les décisions prises, et, malgré de nombreuses difficultés, menait à bonne fin cette œuvre si chère à nos cœurs; aujourd'hui, après nombre de combinaisons renversées, il est parvenu à organiser la touchante cérémonie à laquelle nous venons d'assister et à nous réunir à ce banquet de famille. Exprimons donc au Révérend Père Pujo toute notre reconnaissance.

Vous avez été heureux de revoir aussi M. l'abbé Rigault que nous avons admiré si souvent au jour de l'épreuve. Remercions-le d'être venu de bien loin reprendre sa place au milieu de nous ; nous la lui réserverons toujours, ainsi qu'aux autres aumôniers, M. l'abbé Bourasseau et M. l'abbé Brisset, dont nous regrettons si vivement l'absence aujourd'hui.

Le souvenir de ces hommes, qui, volontairement, sont venus partager nos souffrances et qui nous ont aidé à supporter notre misère, restera profondément gravé dans nos cœurs, et nous serons toujours fiers d'eux et de leur dévouement.

Le 29e a eu ses jours de gloire ; il a maintenant son histoire. Votre présence en grand nombre, aujourd'hui, à cette belle réunion en est le témoignage. S'il est supprimé sur les listes officielles, il existe encore pour nous, et la France pourra toujours compter sur les cœurs généreux qui se sont formés à l'ombre de son drapeau.

Conservons donc nos traditions, Messieurs et chers Camarades, et ayons les yeux sur le passé pour faire aussi bien dans l'avenir.

Je veux résumer tous nos souvenirs et toutes nos sympathies en portant un toast au 29e.

Cette voix, que comprenaient si bien au jour du danger les mobiles du 2ᵉ Bataillon, retentit profondément dans les cœurs et les prépare à ressentir plus vivement encore les beaux sentiments que nous exprime, dans des vers que nous n'oublierons pas, l'intrépide lieutenant de Villebresme.

# POÉSIE

## A MES CAMARADES
### Du 29ᵉ Mobiles.

Après dix ans, qu'on est heureux de se revoir,
Jeunes de souvenir, gardant toujours vivante
L'image du passé, saint trésor, doux espoir !
Sous le même étendard et sous la même tente,
Après dix ans, qu'on est heureux de se revoir !

Amis, vous souvient-il de nos grandes journées,
Oui, grandes, j'ai bien dit, car nous avons lutté,
Car nous avons souffert ! à la mort destinées,
Nos colonnes foulaient un sol ensanglanté ;
Amis, vous souvient-il de nos grandes journées ?

Amis, vous souvient-il de ce héros chrétien,
Héros de charité, héros de sacrifice?...
Je le vois.... il se donne, et ne désire rien,
Rien, pourvu que sa France et triomphe et grandisse,
Amis, vous souvient-il de ce héros chrétien ?


O noble Demarest, âme douce et vaillante,
Nous t'avons contemplé, pleins d'un pieux orgueil ;
Quand nos braves tombaient dans la mêlée ardente,
La mort, à ton aspect, souriait dans son deuil,
O noble Demarest, âme douce et vaillante !


Ange de dévouement, saint héros ignoré,
De Coulmiers, d'Artenay, les campagnes fumantes
Gardent, en le taisant, comme un trésor sacré,
Ton nom que bénissaient tant de bouches mourantes,
Ange de dévouement, saint héros ignoré !


...Mais son cœur ne bat plus, et sa tombe est fermée ;
Il ne nous entend pas : le louer est permis.
Conjurons contre lui, faisons sa renommée,
Qu'il vive, au moins, qu'il vive au cœur des vrais amis,
Si son cœur ne bat plus, si sa tombe est fermée !


Payons à nos regrets, payons à la vertu
Le tribut que nos cœurs doivent à sa grande âme !
Il a droit à la gloire, il a bien combattu ;
Il fut grand ! que bien haut le bronze le proclame !
Payons à nos regrets, payons à la vertu !

Que ma voix soit la voix de la reconnaissance
Pour vous, Arnoux Rivières, ami digne de lui ;
Soldat de fier honneur et de fière vaillance,
Colonel, laissez-moi vous le dire aujourd'hui,
Que ma voix soit la voix de la reconnaissance !

Honneur à vous aussi, héraut de ce tombeau,
Gardien des souvenirs, noble La Cochetière.
Quand les morts sont si grands, s'inspirer d'eux est beau,
Esprit chevaleresque, âme forte, âme fière,
Honneur à vous aussi, héraut de ce tombeau !

Et maintenant, Messieurs, buvons au 29e,
A ceux qui sont tombés au chemin de l'honneur ;
A ces chefs qu'on admire, à ces frères qu'on aime,
Héroïques martyrs d'une sainte valeur !
Et maintenant, Messieurs, buvons au 29e !

A notre belle France, honneur, service, amour !
Comme avant nos combats, buvons à la Patrie !
Toujours les Angevins réunis en ce jour
Sauront donner leur sang et payer de leur vie :
A notre belle France, honneur, service, amour !

MAURICE DE VILLEBRESME,<br>L<sup>t</sup> au 2<sup>e</sup> Bataillon du 29<sup>e</sup>.

Les applaudissements redoublent à chaque strophe, et l'émotion est à son comble quand se prolonge, inoubliable, la dernière note du chant au 29ᵉ.

Ce sera le dernier écho de cette fête de famille, car voici l'heure de la séparation qui approche, il faut déjà songer aux adieux.

Avant de se quitter, on ne voulut plus se quitter, et une motion de tous, partie du cœur de tous, fixa la date d'une réunion annuelle.

La circulaire qui suit, inspirée séance tenante au président de la réunion, doit consacrer la décision prise à l'unanimité.

# CIRCULAIRE

*Saumur le*      188

Monsieur et cher Camarade,

Il y a un an, je vous adressais une lettre pour vous prier d'assister à l'inauguration du monument élevé à la mémoire de notre ami regretté, M. Ezéchiel Demarest.

Vous aurez appris que la cérémonie s'est faite avec la plus grande pompe, au milieu du concours empressé d'une population dévouée et des Officiers et Mobiles du 29e.

Ceux qui n'ont pas été les témoins de cette touchante démonstration, l'auront vivement regretté, j'en suis convaincu, et les nombreuses lettres qu'a reçues le Révérend Père Pujo, prouvent la sympathie que tous ont conservé pour notre généreux caporal infirmier et pour notre régiment.

Tous seront donc heureux d'avoir un souvenir de cette fête et recevront avec plaisir la brochure qui a été composée sous l'inspiration de plusieurs de nos amis. C'est un hommage affectueux de notre aumônier.

Je profite de cette circonstance pour vous faire part du vœu qui a été émis et approuvé à notre réunion du 27 octobre 1879.

Sur la proposition de l'un de nos camarades, il a été décidé, à l'unanimité des voix, que chaque année, le 12 octobre, jour anniversaire de notre entrée en campagne, il y aurait, à Saumur, le banquet du 29° régiment de Mobiles.

Vous vous rallierez, je l'espère, à cette excellente idée, et je compte sur votre adhésion.

Une lettre de convocation vous rappellera en temps opportun la date, l'heure et le lieu de la réunion.

Pour éviter tout mécompte, je vous serai obligé de vouloir bien m'envoyer exactement votre adresse, au château d'Amenon, par Vaas, département de la Sarthe.

Vous voudrez bien aussi avertir ceux de nos camarades de votre connaissance qui, par erreur ou pour tout autre motif, ne recevraient pas ma lettre.

Je désire vivement que personne ne soit oublié et que nous nous trouvions tous au rendez-vous de 1880.

L'un de nos camarades a déjà fait, pour cette circonstance, la chanson du 29°, intitulée « *Le Régiment d'Anjou,* » et vous l'entendrez avec joie au mois d'octobre.

Veuillez agréer, Monsieur et cher Camarade, l'expression de mes sentiments les plus affectueux.

A. DE LA COCHETIÈRE,<br>Ex-Commandant du 2<sup>e</sup> Bataillon du 20<sup>e</sup> régiment de Mobiles.

Et maintenant, chers amis, au revoir, que nos souffrances passées, que nos larmes de deuil, que le souvenir de notre caporal infirmier, que notre drapeau renouent cette intimité qui nous a unis au jour de l'épreuve et nous rappellent les engagements que nous prenons aujourd'hui ; n'oublions jamais le 29° et soyons fidèles au rendez-vous de chaque année ; et de nouveau, vous l'entendez-bien, amis du 29°,

AU REVOIR.

# LISTE

DES

## OFFICIERS DU 29° RÉGIMENT DE MOBILES

DE MAINE-ET-LOIRE

---

**LIEUTENANTS-COLONELS**

DE PAILLOT, Amédée-Charles, mort.
ARNOUS-RIVIÈRE, Ernest, château de la Baronnière,
par Saint-Florent, Maine-et-Loire.

**CHEFS DE BATAILLON**

LE NOIR DE LA COCHETIÈRE, Alexandre, château
d'Amenon, par Vaas, Sarthe.
DE PLACE, Jean-Hector-Emile, mort.
DE TERVES, Roger, rue Saint-Blaise, Angers.
BRETON, Ernest, mort.

#### CAPITAINES

Bodinier, Guillaume, rue Saint-Joseph, 2, Angers.
Morin, Léandre, à Laval.
De Rochebouet, Gaston, château de Rochebouët, par Seiches, Maine-et-Loire.
De Richeteau, Gustave, rue d'Alsace, Angers.
De Las-Cases, Barthélemy, rue Saint-Florentin, 9, Paris.
De Chemellier, Raoul, boulevard de la Mairie, 1, Angers.
De Brissac, Roland, mort.
Hervé, Camille.
Le Noir de la Cochetière, Henri, à Beaufort, Maine-et-Loire.
Raygasse, Jules, Cholet, Maine-et-Loire.
De Livonnière, Scévole, château de Chavigné, par Beaufort, Maine-et-Loire.
De Romans, Armand, château de Flines, par Martigné-Briand, Maine-et-Loire.
Hérard, Camille, 29, rue de Bellechasse, faubourg Saint-Germain, Paris.
De Montesquiou, Pierre, château des Hayes, par Beaufort, Maine-et-Loire.
Doussain, Gustave, 5, rue du Palais-de-Justice, Saumur.
Bouchet, Stanislas, mort.

Poulain, Philois, rue Bernier, Angers (ancienne adresse).
Leboucher, Gustave.
D'Hillerin, Auguste, rue Bernier, 36, Angers.
Jamin, Léon, Nantes.
De Roincé, Gabriel, rue de la Selle, 1, Poitiers.
Hervé, Théophile, au Comptoir de la Société générale, rue d'Alsace, Angers.
Sicot, Gabriel, à la Chalouère, Angers.
Faligan, Arsène, président du tribunal civil de Cholet.
Metivier, Daniel, rue de Bel-Air, Angers.
Faux, Léon.
Rétailleau, Georges, Angers.
D'Autichamp, Adhémar, château de Jarzé, par Jarzé, Maine-et-Loire.
Selle, Joseph, Baugé, Maine-et-Loire.
Boutet, Henri, Levée-d'Enceinte, Saumur.
Voisin, Alfred, mort.
Huard, Paul, à la Banque de France, Angers.
Martineau, Adolphe.
Lefebvre, Edmond.

### AUMONIERS

L'abbé Bourrasseau, curé de Clefs, par Baugé, Maine-et-Loire.
L'abbé Pujo, à Saumur.
L'abbé Rigault, curé du Pèlerin, près Nantes.

**MÉDECINS**

SERVAIN, Georges, Angers.
BOUCHARD, Georges, à Saumur, Maine-et-Loire.
PISSOT, Léon, à Cholet, Maine-et-Loire.

**INFIRMIER**

DEMAREST, Ezéchiel, caporal, mort.

**LIEUTENANTS**

BLANCHET, Henri, notaire à Baugé, Maine-et-Loire.
CHARTIER, Louis, rue Chaperonnière, Angers.
JOUSSELIN, Ernest.
CHAUVIN, Charles, rue Saint-Jacques, 2, Angers.
ROBIN, Paul, quai Ligny, 4, Angers.
LEBLANC, Charles.
FERRAND, Célestin.
MOLLAT, Edouard, rue Saint-Georges, 9, Paris.
BOUJU, Louis, à Coron, par Vihiers, Maine-et-Loire.
BONNEMÈRE, Jules, ingénieur à Montmorillon, Vienne.
DE VILLEBRESME, Maurice, à Saint-Briac, Ille-et-Vilaine.
DE LA SELLE, Paul, château de la Barbé, par Bazouges, Sarthe.
SARGET, Emile, rue d'Orléans, Saumur.
COTTE DE JUMILLY, Louis, rue Franklin, 5, Nantes.
LELONG, Eugène, rue des Jardins, 9, Angers.
FARSAC, Philippe.
BÉNARD, Henry, rue du Déveau, Cholet.

Coutant, Eugène, Cholet.
Tessier, Louis, maison Besnard et Genest, Angers.
Almand, Camille, rue du Vieux-Pont, Cholet.
Rigaud, Edgard, tué à l'ennemi.
Gautier, Anatole, boulevard de Saumur, Angers.
Chardonneau, Romain.
François, Paul.
Charlery de la Masselière, Henri, château de Monaie, par Baugé, Maine-et-Loire.
Deschamps, Benjamin, à Doué-la-Fontaine, Maine-et-Loire.
De Cambourg, Antoine, boulevard des Lices, Angers.
Boutros, Paul, rue de Frémur, Angers.

### SOUS-LIEUTENANTS

Parement.
Gaultier, Georges, rue des Minimes, à Angers.
Motte, Germain, à Cholet.
Herbault, Ange, notaire à Saint-Léger, Vienne.
Bayelaloge, Prosper, Chemillé, Maine-et-Loire.
Halopé, Léon, rue de la Préfecture, 2, Angers.
Daviau, Mathurin, percepteur à Coron, Maine-et-Loire.
Riché, Joseph, agent-voyer aux Ponts-de-Cé, Maine-et-Loire.
De Saint-Pern, Henri, château de Mont-Moutiers, par Saint-Florent-le-Vieil, Maine-et-Loire.

Lebleu, Alexandre.
Masson, Eugène, rue Lyonnaise, Cour des Petites-Fontaines, Angers.
Amant, Henri, notaire à La Flèche, Sarthe.
Berthelin, Auguste, rue Chaperonnière, à Angers.
Bernier, Louis, ingénieur aux Forges de Firming, Loire.
Delahaye, Dominique, rue des Minimes, Angers.
Ribault, Louis, Angers.
Ripoche, Edouard, chez M. Turpault, rue du Couin, Cholet.
Mondoux, Camille, rue du Piniau, Cholet.
Baron, François, place Bretonnaise, Cholet.
Belon, Gabriel, rue Joubert, 24, Angers.
Ferré, Constant, Cholet.
De Mieulle, Léon, tué à l'ennemi.
David, Eugène, rue du Grand-Talon, 13, Angers.
Du Rouzay, Edouard, mort.
Du Chêne, Arthur, à Baugé, Maine-et-Loire.
De Rochebouet, François, château de Rouvaux, par Seiches, Maine-et-Loire.
De Monti, Henri, 33, rue Blanche, Paris.
De Blois, Georges, château de la Rochejaquelin, par Durtal.
De Laage, Henri, rue Saint-Joseph, 39, Angers.
Pauvert, Pierre, tué à l'ennemi.
Renard, Edouard, chez M. Bougère, rue Haute-Saint-Martin, Angers.

Odard de Parigny, Alfred, mort.
Thiffoine, Henri, Saumur.
Milon, Stéphane, Saumur.
Moreau, Emile, Saumur.
Leddet, Saumur.
Baillergeau, Anatole, Saumur.
Bouvier, Louis-Albert, Saumur.
Moricet, Saumur.

## AMBULANCE

### DIRECTEUR

Le duc de Brissac, au château de Brissac, Maine-et-Loire.

### MÉDECINS

Rousselle.
Carcassonne.
Gripat, rue Sainte-Blaise, Angers.
Huret.
Garnache.
Burguet.

**AUMONIER**

L'abbé Brisset, aumônier du lycée, Angers.

**COMPTABLE**

Bornibus.

**INFIRMIERS**

Gustave de Mieulle, à Saint-Remy, par Saint-Mathurin, Maine-et-Loire.
Delaruelle.
Séguin.

www.ingramcontent.com/pod-product-compliance
Lightning Source LLC
LaVergne TN
LVHW020954090426
835512LV00009B/1887